kleines
Wetter
Diplom

für Julias Opa Ludwig

Jens Sparschuh

Morgens früh um sechs ...

Die Geschichte von der kleinen Hexe und dem dicken Heinz

illustriert von
Julia Neuhaus

HINSTORFF

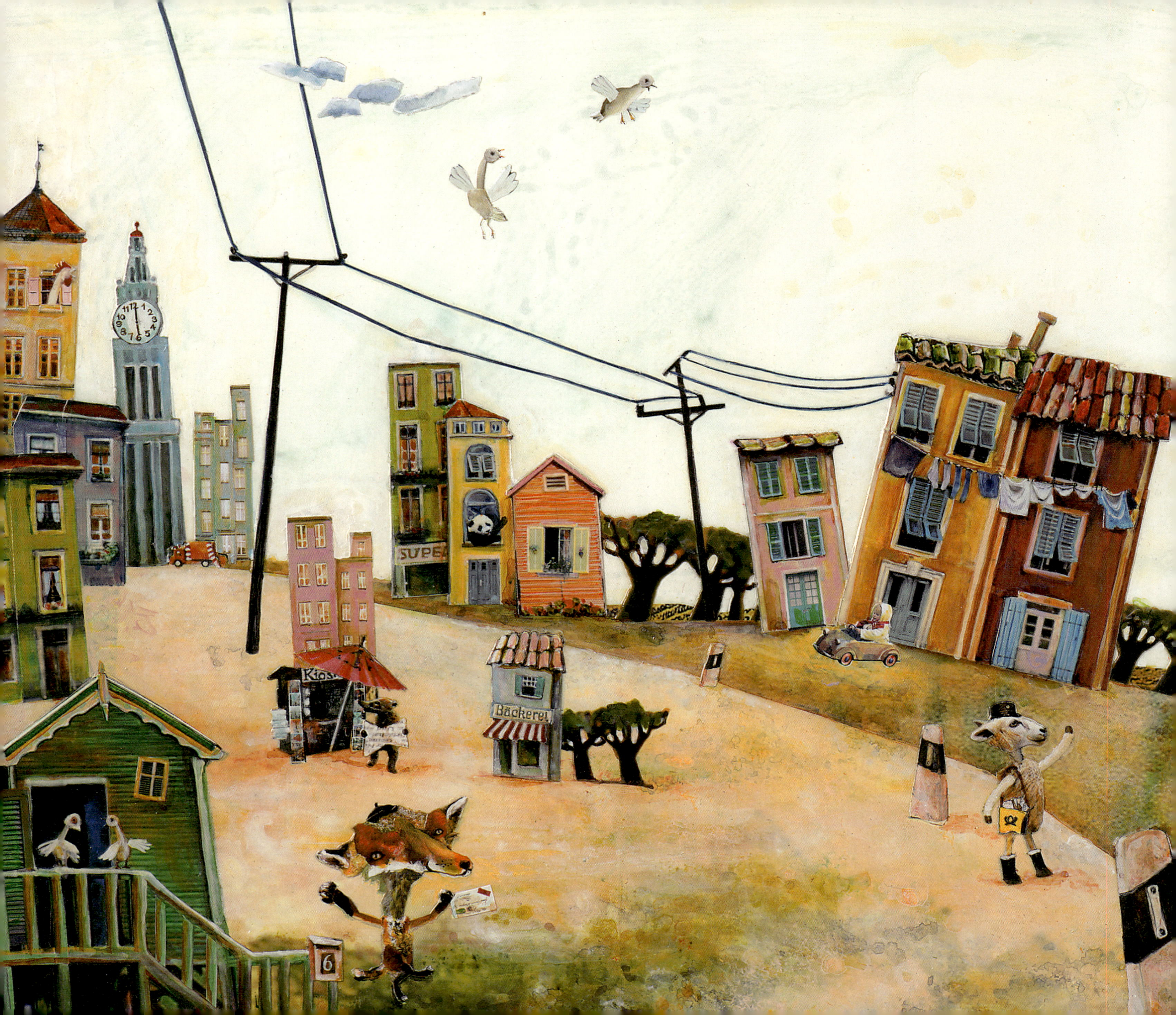
SUPE
Bäckerei
6

**Morgens früh um sechs
 kommt die kleine Hex',**

morgens früh um sieben
    schabt sie gelbe Rüben,

morgens früh um acht
    wird der Kaffee gemacht,

Kaffeesatz
lesen

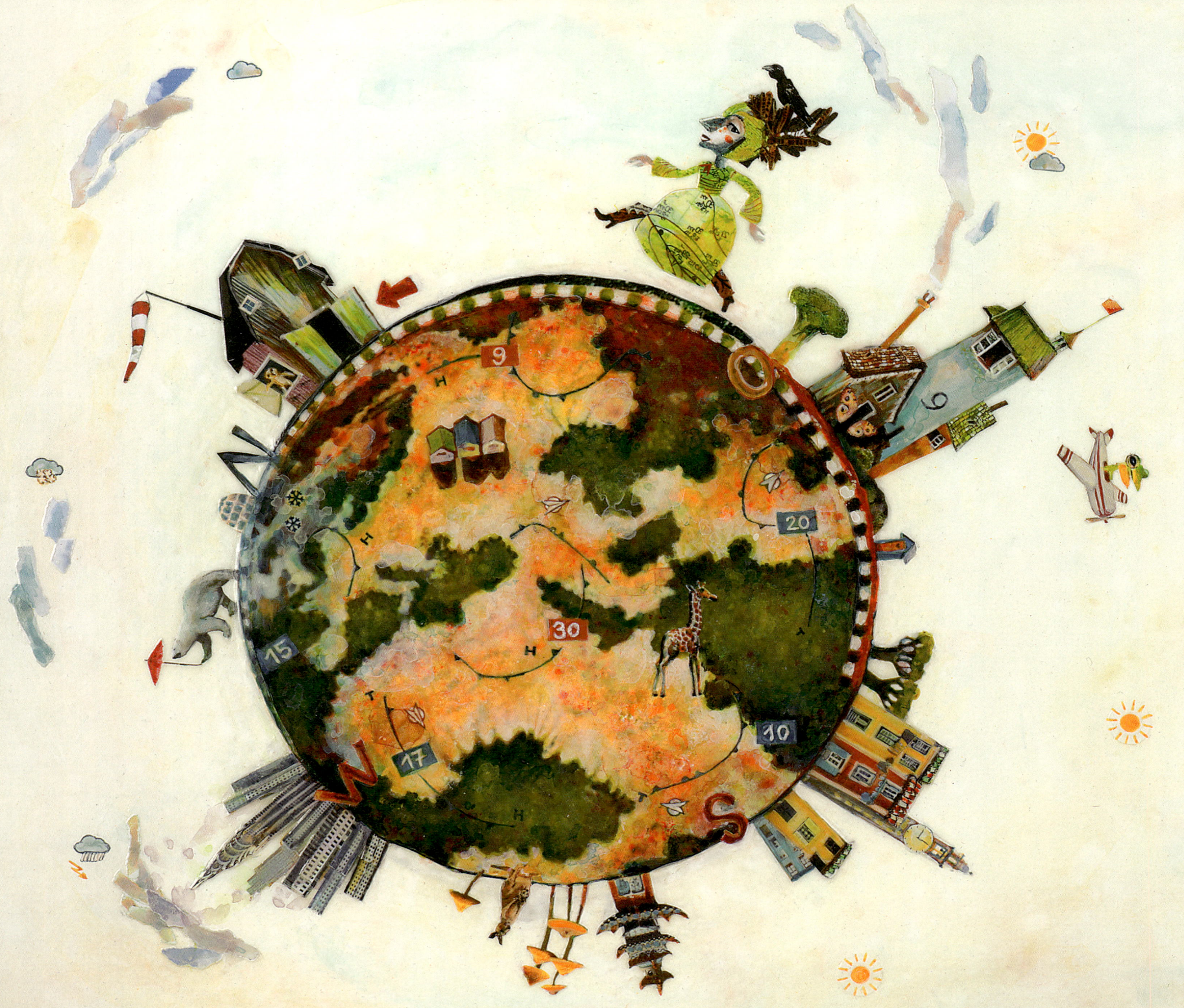

9
20
30
15
17
10
S
N

morgens früh um neune
  geht sie in die Scheune,

morgens früh um zehne
  holt sie Holz und Späne,

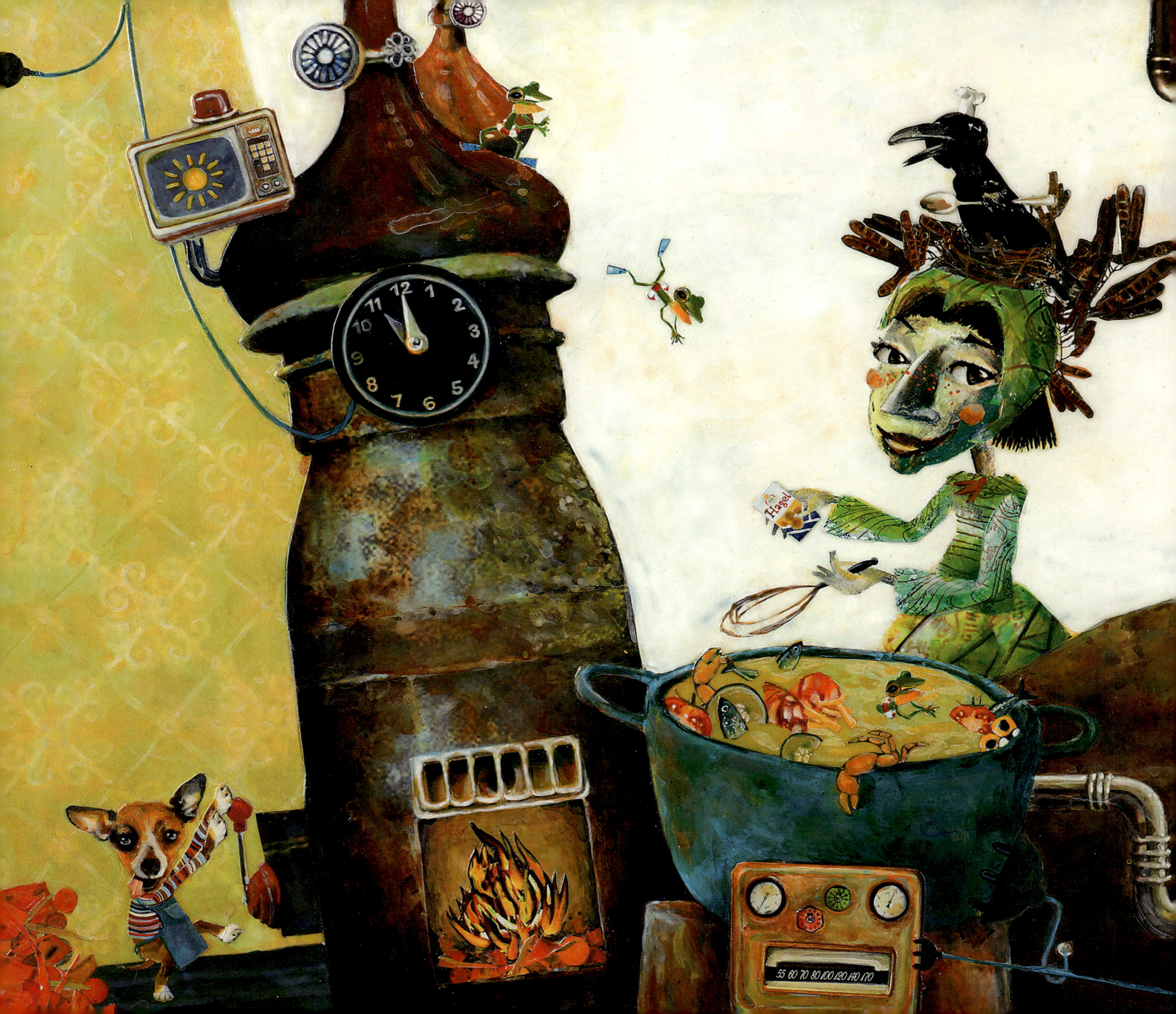
Hagel

feuert an um elfe,
kocht dann bis um zwölfe,
Fröschebein und Krebs und Fisch.
Hurtig, Kinder, kommt zu Tisch!

Pünktlich um halb eins
	kommt der dicke Heinz.

Heinzchen frisst für zwei.
	Das dauert bis um drei.

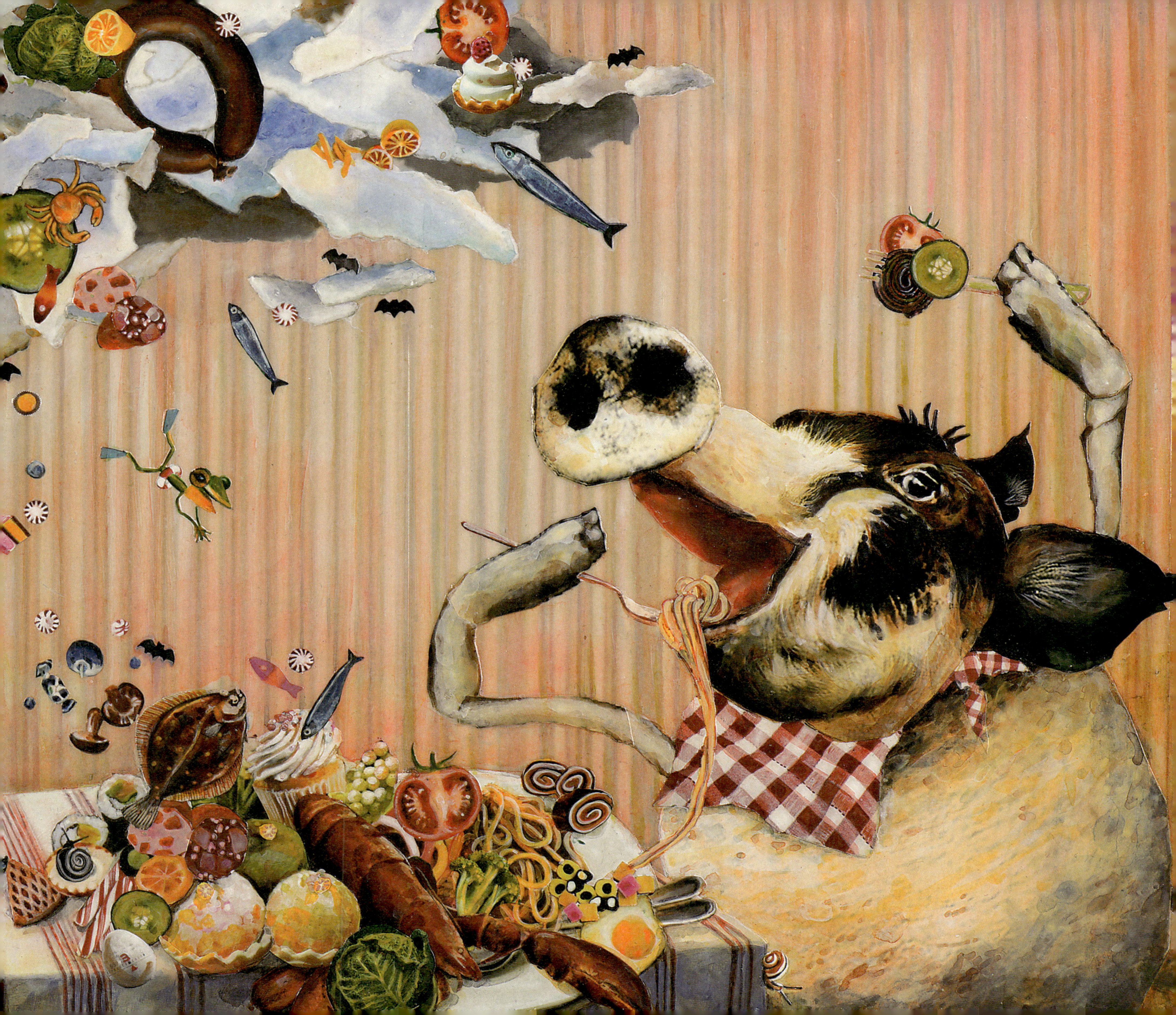

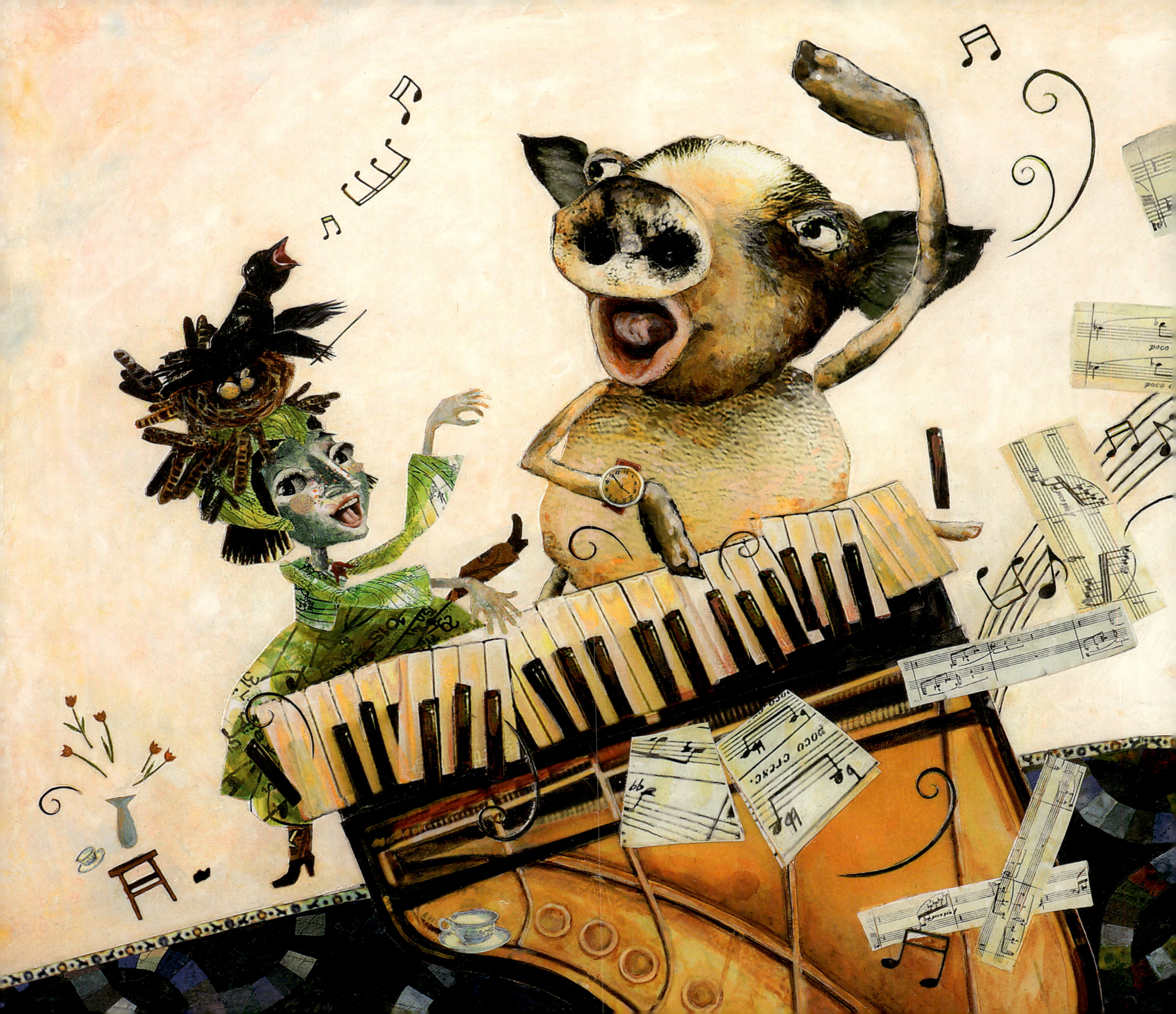
poco
poco
poco cresc.

**Beide spiel'n dann bis um vier
vierhändig Klavier.**

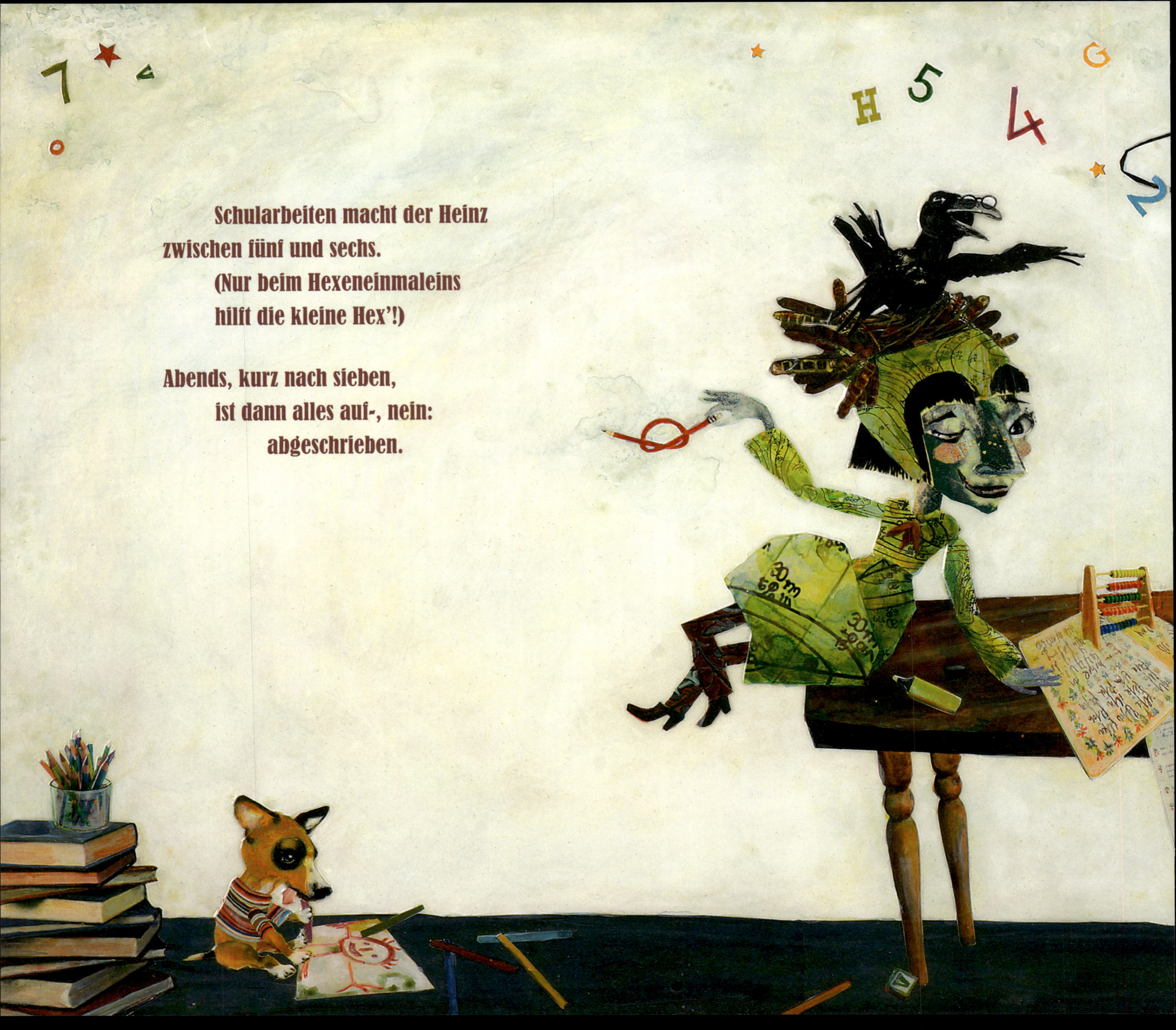

Schularbeiten macht der Heinz
zwischen fünf und sechs.
(Nur beim Hexeneinmaleins
hilft die kleine Hex'!)

Abends, kurz nach sieben,
ist dann alles auf-, nein:
abgeschrieben.

HEIN
Bei der Schuleblüht
schnecke Smetterlin Sonne
Steine Simensa urgrato
Stul Schreibtisch Stift
Socken Sofa Schwarz
1×1=1
1×2=2
2×4=8
2×3=6
7-8
ABC

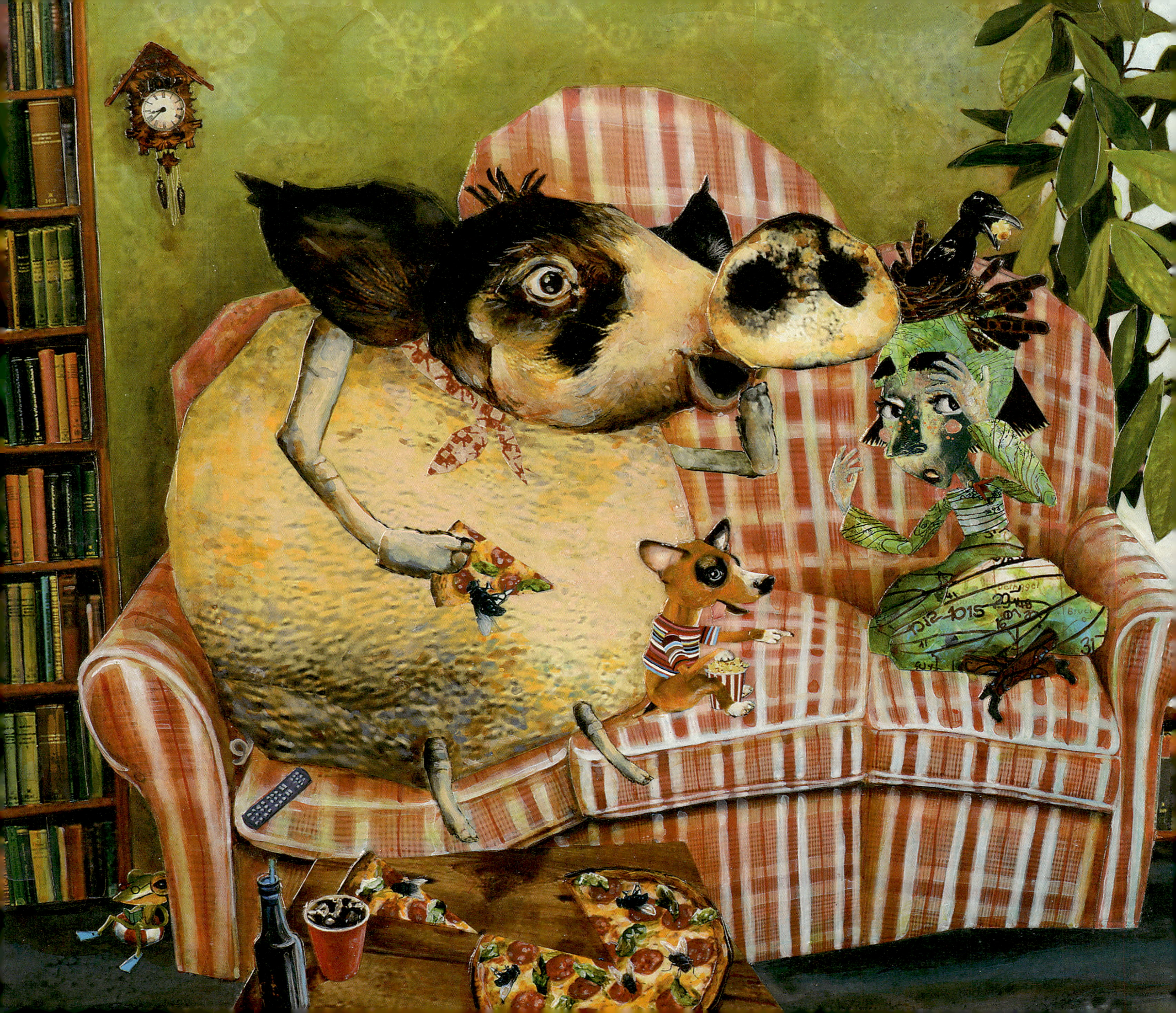

Zeit fürs Abendbrot!
Heinzchen schlägt paar Fliegen tot,
Hexe kocht Spinat dazu.
Beide essen jetzt im Nu –

Denn um acht
wird die Glotze angemacht.
Worauf beide sich jetzt freun:
ein Horrorfilm! Der geht bis neun.

Gründlich, beinah bis halb zehne,
putzt der Heinz sich seine Zähne …
Oder sind es elfe?

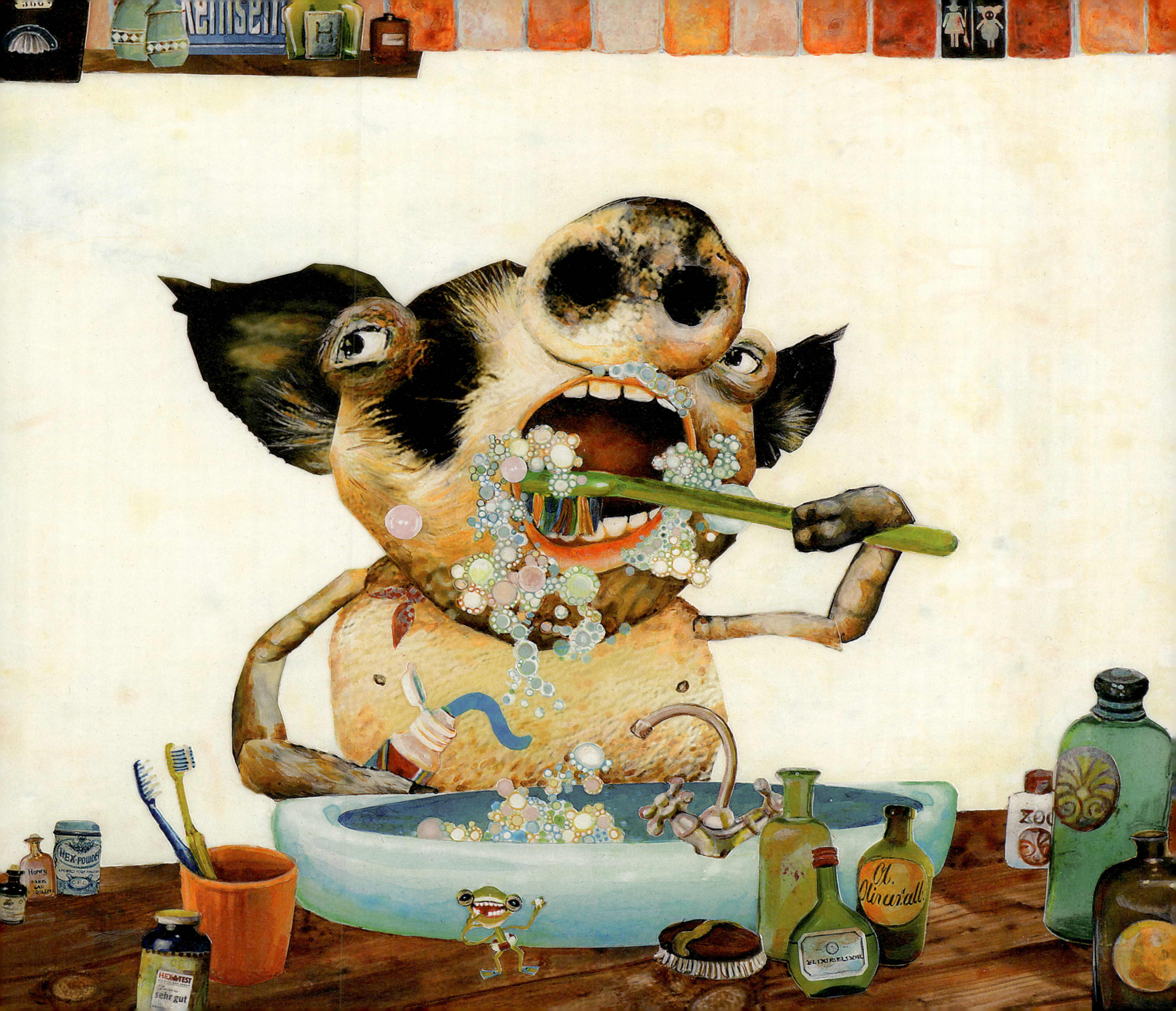
Henry
HEX-POWDER
CPC
HEXTEST
sehr gut
ELIXIRELIXIR
ZOO

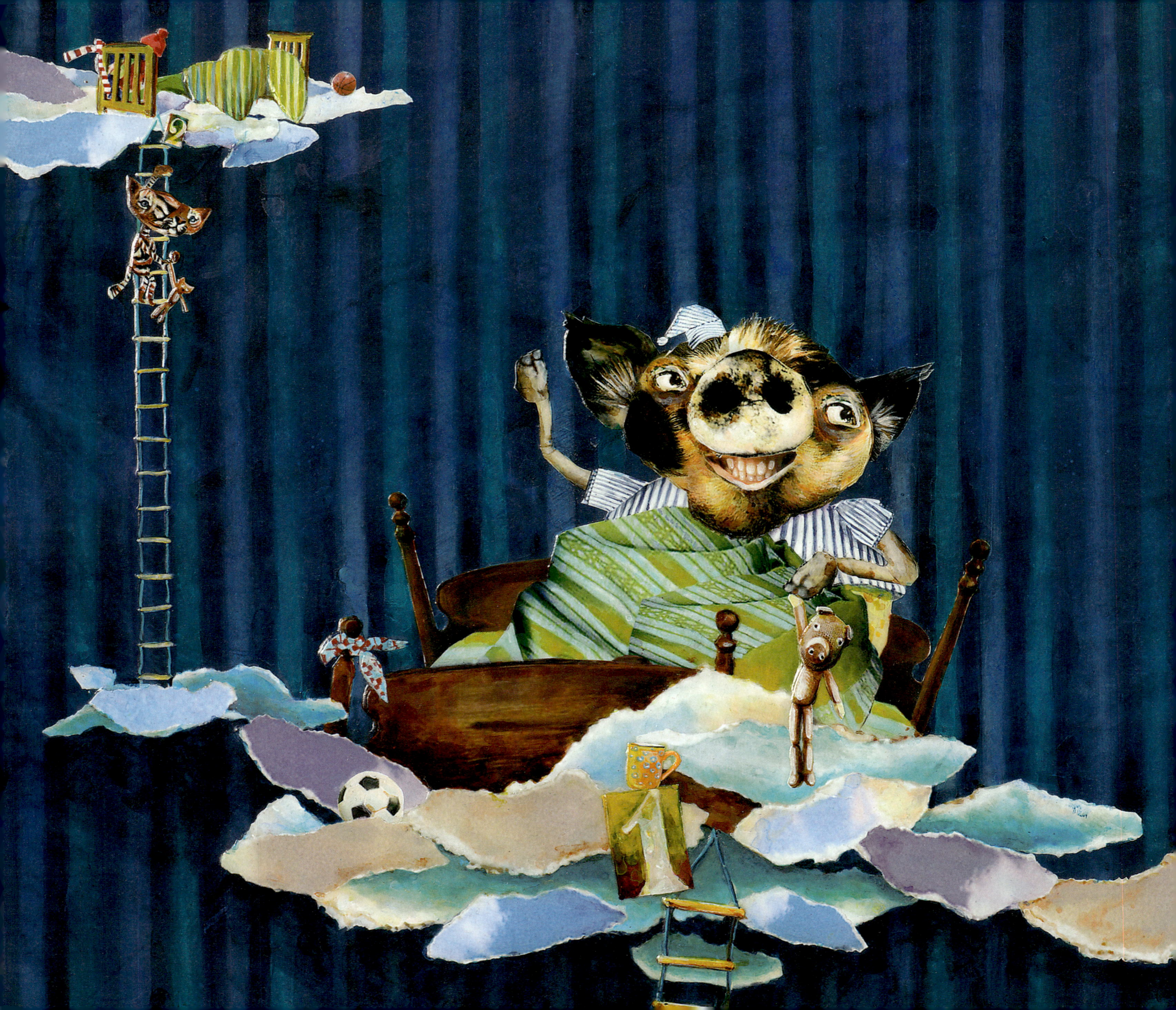

Nein, es sind nur zehn
   Zähne, die jetzt schlafen gehn.

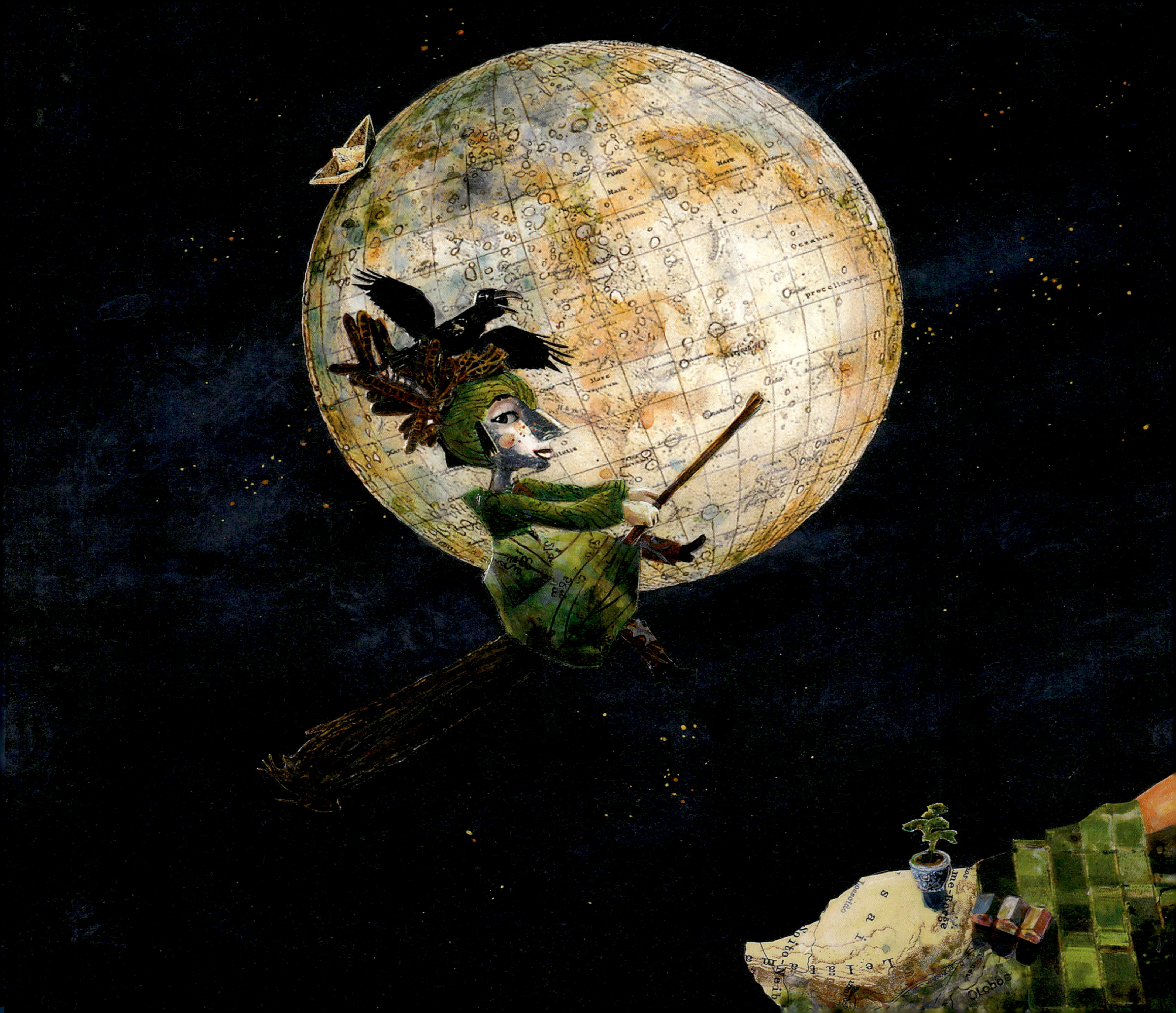

Schlägt die Turmuhr Mitternacht,
ist auch dieser Tag vollbracht.
Hexchen fliegt zur Geisterstunde
schnell noch eine letzte Runde
auf dem Besenstiel ums Haus.

Dann ist alles aus!

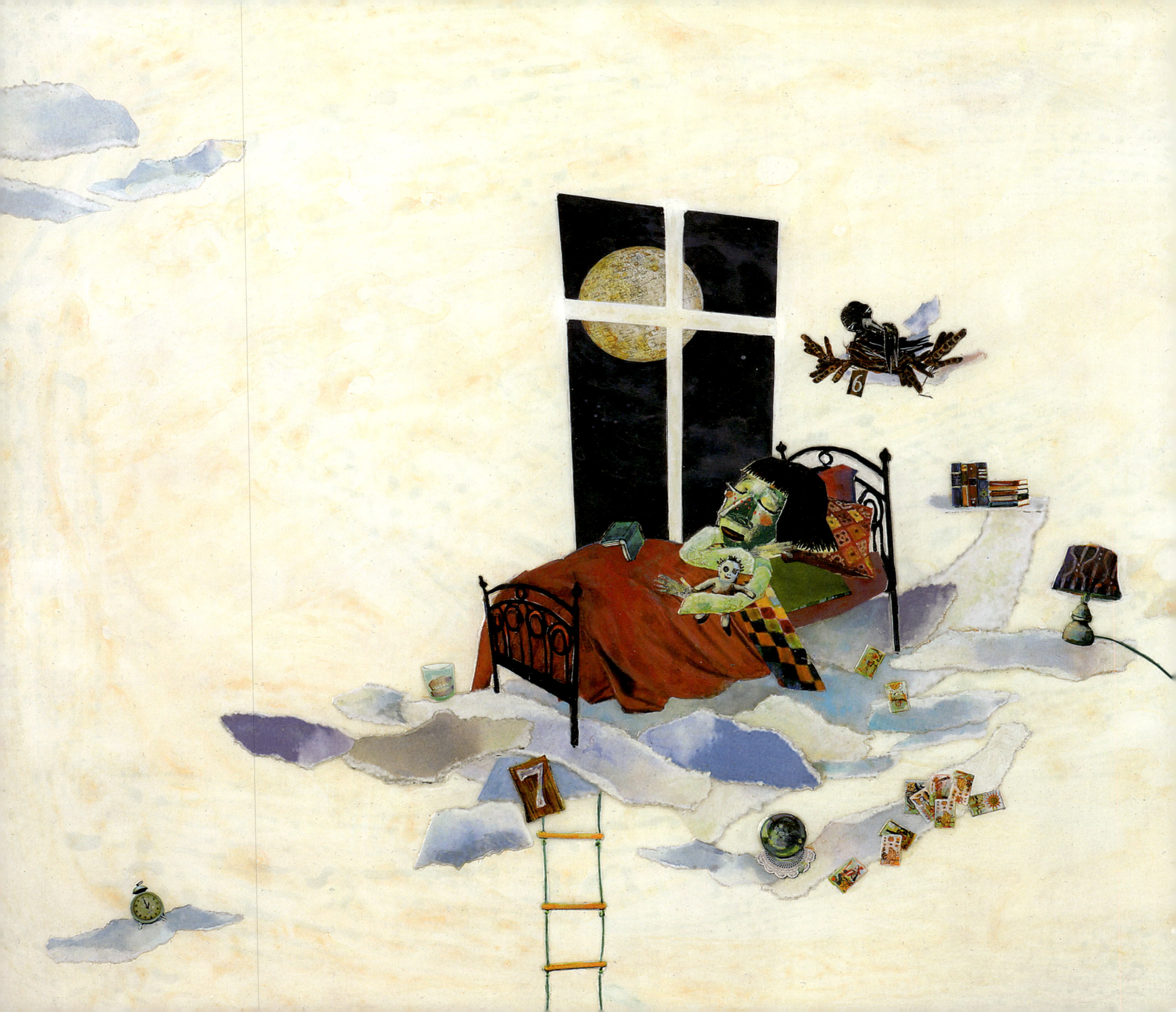
6
7

Jens Sparschuh, geboren 1955 in Karl-Marx-Stadt, wuchs in Ost-Berlin auf. Von 1973 bis 1978 studierte er in Leningrad Philosophie und Logik. Seit 1983 ist er als freier Schriftsteller tätig, verfasst Romane, Essays, Gedichte, Hörspiele – und Bücher für Kinder. Zu seinen bekanntesten Romanen zählen „Der Zimmerspringbrunnen" (1995), „Lavaters Maske" (1999), „Eins zu eins" (2003) und „Schwarze Dame" (2007). Zuletzt veröffentlichte er zusammen mit Sten Nadolny den Band „Putz- und Flickstunde" (2009). Jens Sparschuh wurde mehrfach ausgezeichnet, so mit dem Anna-Seghers-Preis (1988) und dem Hörspielpreis der Kriegsblinden (1989).

Julia Neuhaus, 1974 in Lüdinghausen geboren, arbeitete nach ihrer Ausbildung zur handwerklichen Buchbinderin als Bilderrahmerin – und Vergolderin. Von 2001 bis 2007 studierte sie am Department Design der Hochschule für angewandte Wissenschaften (HAW) Hamburg Illustration. Dort erwarb sie 2008 mit ihrer Arbeit zu Jens Sparschuhs Text „Die kleine Hexe … und der dicke Heinz" das Diplom. Julia Neuhaus wohnt heute in Hamburg-St. Pauli und ist als freie Illustratorin tätig.

Der Text von Jens Sparschuh erschien zuerst in dem Band „Geschichten für uns Kinder", herausgegeben von Rufus Beck, Hamburg, Rowohlt 2006. © Jens Sparschuh

Die Deutsche Nationalbibliothek verzeichnet diese Publikation in der Deutschen Nationalbibliografie; detaillierte bibliografische Daten sind im Internet über http://dnb.ddb.de abrufbar.

Alle Rechte vorbehalten. Reproduktionen, Speicherungen in Datenverarbeitungsanlagen, Wiedergabe auf fotomechanischen, elektronischen oder ähnlichen Wegen, Vortrag und Funk – auch auszugsweise – nur mit Genehmigung des Verlages.

© Hinstorff Verlag GmbH, Rostock 2009

1. Auflage 2009

Herstellung: Hinstorff Verlag GmbH
Lektorat: Thomas Gallien
Druck und Bindung: Neumann & Nürnberger, Leipzig
Printed in Germany
ISBN 978-3-356-01327-6

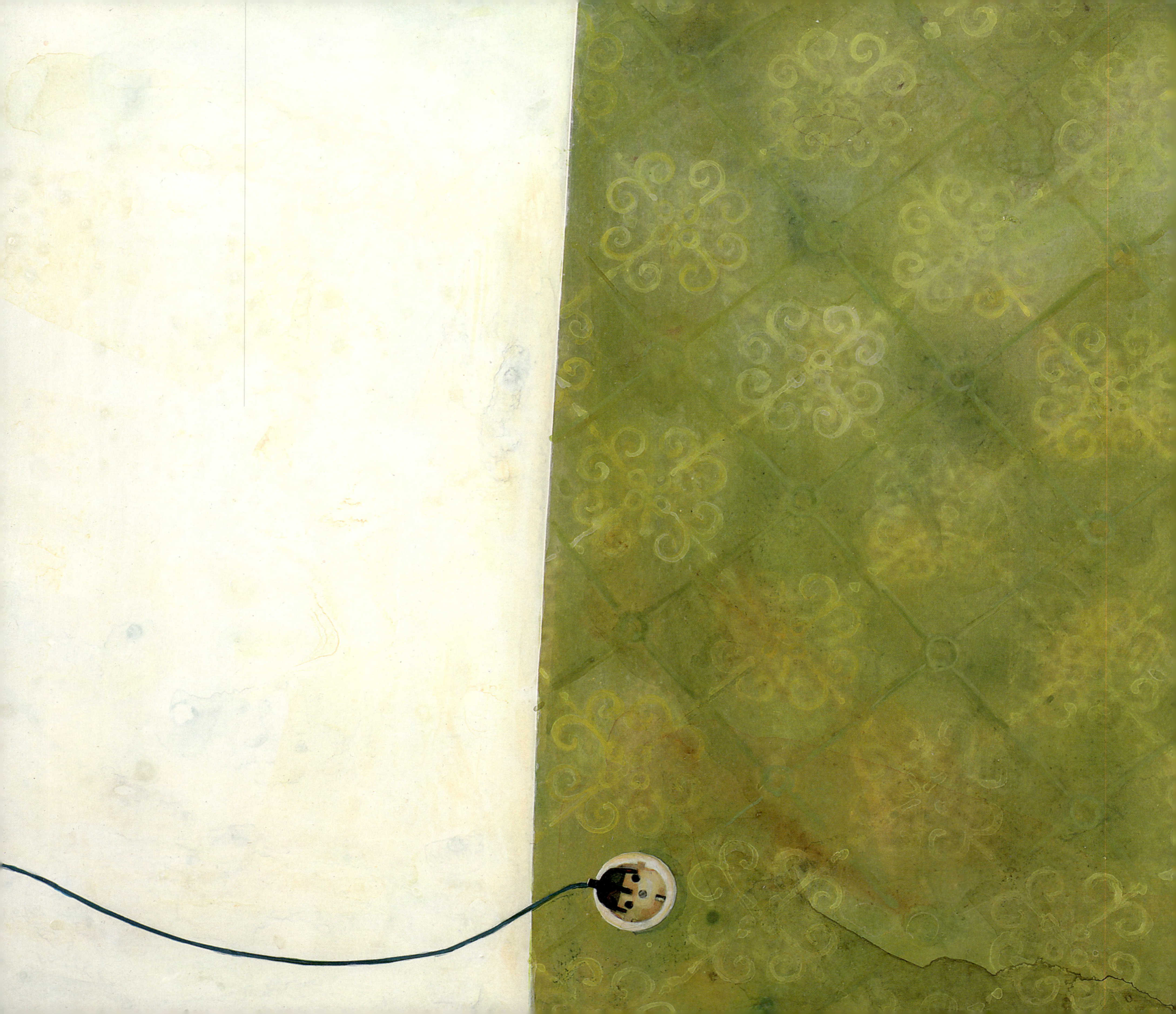